Eveline Schwarz

DaF leicht

B1

Grammatik-Clips
Clips – Kopiervorlagen – Unterrichtsideen

Ernst Klett Sprachen
Stuttgart

1. Auflage 1 3 2 1 | 2019 18 17

© Ernst Klett Sprachen GmbH, Stuttgart 2017. Alle Rechte vorbehalten.
Internetadresse: www.klett-sprachen.de

Alle Drucke dieser Auflage können nebeneinander benutzt werden, sie sind untereinander
unverändert. Die letzte Zahl bezeichnet das Jahr des Druckes. Das Werk und seine
Teile sind urheberrechtlich geschützt. Jede Nutzung in anderen als den gesetzlich
zugelassenen Fällen bedarf der vorherigen schriftlichen Einwilligung des Verlages.
Hinweis zu § 52a UrhG: Weder das Werk noch seine Teile dürfen ohne eine solche Einwilligung
eingescannt und in ein Netzwerk eingestellt werden. Dies gilt auch für Intranets von
Schulen und sonstigen Bildungseinrichtungen.

Grammatik-Clips:
Konzept, Storyboard: Eveline Schwarz, Renate Weber
Beratung: Dietmar Rösler
Produktion: media & more, Reutlingen

Übungen und Kopiervorlagen: Eveline Schwarz

Redaktion: Renate Weber
Layoutkonzeption: Claudia Stumpfe
Satz: Regina Krawatzki, Stuttgart
Umschlaggestaltung: Anna Wanner
Umschlagfoto: Andreas Kunz
Druck und Bindung: DRUCKEREI PLENK GmbH & Co. KG, Berchtesgaden • Printed in Germany

ISBN: 978-3-12-676269-4

Inhaltsverzeichnis:

	Seite		Seite
Einführung	4	Clip 51: Sätze mit *nachdem* und Plusquamperfekt	26
Clip 41: Relativsätze III (*mit* + Dativ)	6	Clip 52: Adjektivdeklination mit Nullartikel	28
Clip 42: Präteritum I (regelmäßige Verben)	8	Clip 53: Irreale Konditionalsätze	30
Clip 43: Präteritum II (unregelmäßige Verben)	10	Clip 54: Die n-Deklination	32
Clip 44: Temporalsätze mit *während* und *seit*	12	Clip 55: Possessivartikel im Genitiv	34
Clip 45: Personalpronomen im Satz	14	Clip 56: Die Verneinung mit *nicht*	36
Clip 46: Adjektivdeklination III (*mit* + Dativ)	16	Clip 57: Das Passiv	38
Clip 47: Sätze mit *damit* / *um* ... *zu*	18	Clip 58: *werden* als Voll- und Hilfsverb	40
Clip 48: *je* ... *desto* / *weder* ... *noch*	20		
Clip 49: Sätze mit *nicht nur, ... sondern auch*	22	weiteres Wort- und Bildmaterial zu Clip 43, 44, 45, 49, 50, 51	42
Clip 50: Textgrammatik	24	Kopiervorlage für leere Wort- und Satzkarten	46

Grammatik sichtbar und begreifbar machen

Die Grammatik-Clips zeigen Form und Funktion grammatischer Strukturen, ohne sie metasprachlich zu erläutern.

  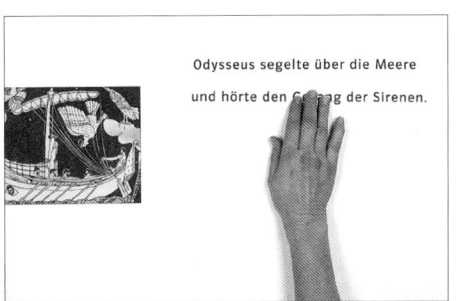

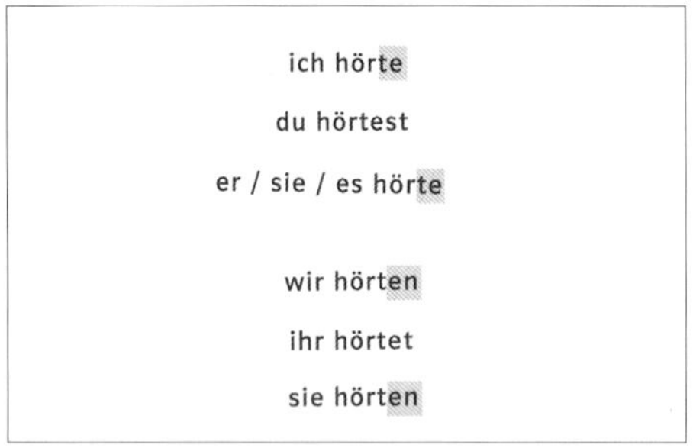

Wort- und Satzkarten werden – eingebettet in eine Geschichte – so hin- und hergeschoben, dass die **Struktur sichtbar und deutlich** wird.

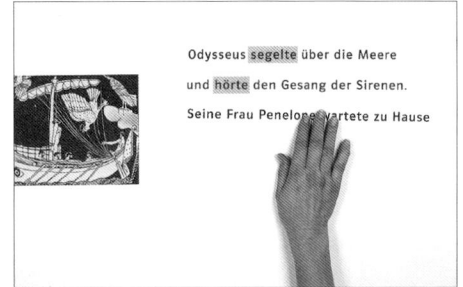 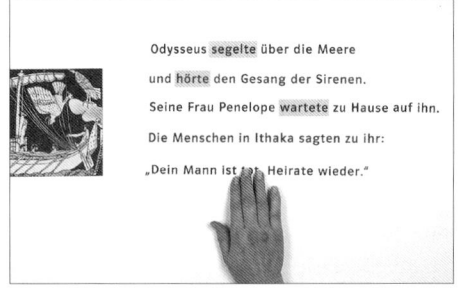 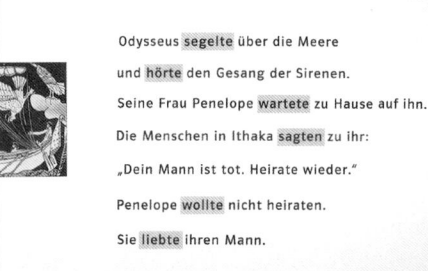 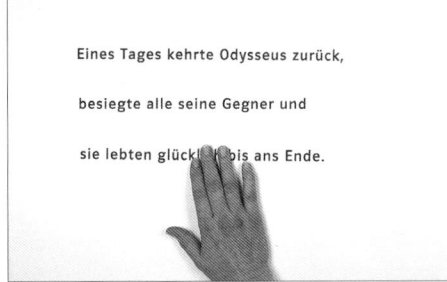

Besonderheiten werden durch Markierungen **bewusst** gemacht.

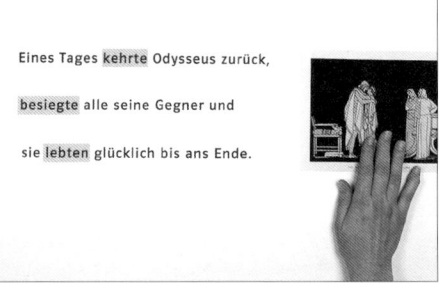 

Intuitiv, ohne komplizierte grammatische Erklärungen, wird die **Regel begreifbar**.

Die Grammatik-Clips
- sind einsetzbar, wenn die jeweilige Struktur eingeführt, wiederholt oder geübt wird
- können als Screenshot Tafelbilder ersetzen
- sind unter www.klett-sprachen.de/dafleicht-online jederzeit verfügbar

Weiterführende Übungen bieten Anregungen zum Nachspielen, Variieren und Strukturieren der Clips. Sie unterstützen das Verstehen der jeweiligen sprachlichen Struktur.

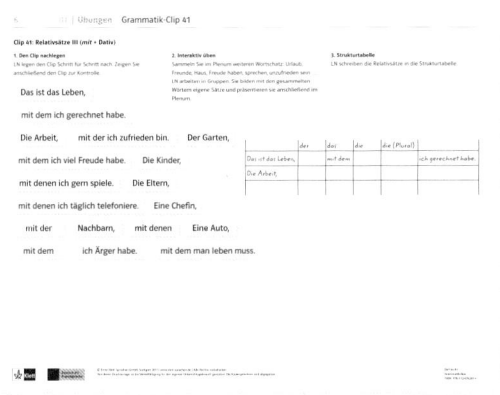

Zu jedem Grammatik-Clip gibt es **drei Übungsvorschläge**, die je nach Lernergruppe ausgewählt und im Unterricht bearbeitet werden können: 1. den Clip nachlegen, 2. interaktiv üben, 3. Strukturtabelle ausfüllen.

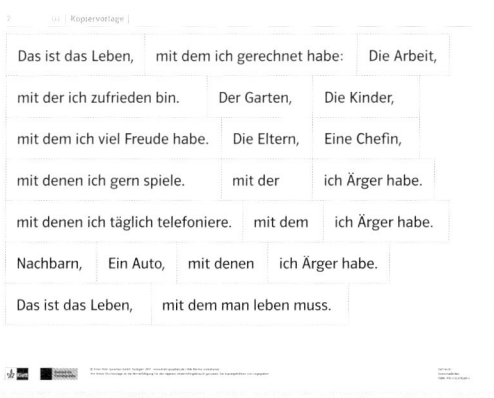

Kopiervorlagen bieten das dafür notwendige Wort- und Satzmaterial zum Ausschneiden.

© Ernst Klett Sprachen GmbH, Stuttgart 2017 | www.klett-sprachen.de | Alle Rechte vorbehalten
Von dieser Druckvorlage ist die Vervielfältigung für den eigenen Unterrichtsgebrauch gestattet. Die Kopiergebühren sind abgegolten.

Bildquellen: Thinkstock (urfinguss), München

DaFleicht
Grammatikclips
ISBN: 978-3-12-676269-4

Clip 41: Relativsätze III (*mit* + Dativ)

1. Den Clip nachlegen
LN legen den Clip Schritt für Schritt nach. Zeigen Sie anschließend den Clip zur Kontrolle.

2. Interaktiv üben
Sammeln Sie im Plenum weiteren Wortschatz: Urlaub, Freunde, Haus, Freude haben, sprechen, unzufrieden sein … LN arbeiten in Gruppen. Sie bilden mit den gesammelten Wörtern eigene Sätze und präsentieren sie anschließend im Plenum.

3. Strukturtabelle
LN schreiben die Relativsätze in die Strukturtabelle.

Das ist das Leben,

mit dem ich gerechnet habe.

Die Arbeit,   mit der ich zufrieden bin.   Der Garten,

mit dem ich viel Freude habe.   Die Kinder,

mit denen ich gern spiele.   Die Eltern,

mit denen ich täglich telefoniere.   Eine Chefin,

mit der   Nachbarn,   mit denen   Ein Auto,

mit dem   ich Ärger habe.   mit dem man leben muss.

	der	das	die	die (Plural)
Das ist das Leben,		mit dem		ich gerechnet habe.
Die Arbeit,				

DaFleicht
Grammatikclips
ISBN: 978-3-12-676269-4

Das ist das Leben,	mit dem ich gerechnet habe:	Die Arbeit,
mit der ich zufrieden bin.	Der Garten,	Die Kinder,
mit dem ich viel Freude habe.	Die Eltern,	Eine Chefin,
mit denen ich gern spiele.	mit der	ich Ärger habe.
mit denen ich täglich telefoniere.	mit dem	ich Ärger habe.
Nachbarn,	Ein Auto,	mit denen	ich Ärger habe.
Das ist das Leben,	mit dem man leben muss.

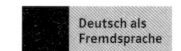

8 | 02 | Übungen | Grammatik-Clip 42

Clip 42: Präteritum I (regelmäßige Verben)

1. Den Clip nachlegen
a. LN legen den ersten Teil des Clips nach. Zeigen Sie anschließend den ersten Teil des Clips zur Kontrolle.

2. Interaktiv üben
LN arbeiten in Gruppen zu fünft. Sie stellen die Sätze in vertauschter Reihenfolge pantomimisch dar. Anschließend präsentieren sie sie und die anderen Gruppen raten, welcher Satz vorgespielt wurde.

3. Strukturtabelle
LN ergänzen die Strukturtabelle.

Präsens	Präteritum
ich warte	
du hörst	
er/sie/es lebt	
wir segeln	
ihr sagt	
sie lieben	

b. LN bringen die Kärtchen in die richtige Reihenfolge und ergänzen sie mit den Verben im Präteritum. Zeigen Sie anschließend den ganzen Clip zur Kontrolle.

Odysseus … über die Meere   und … den Gesang der Sirenen.

Seine Frau Penelope … zu Hause auf ihn.   Die Menschen in Ithaka … zu ihr:

„Dein Mann ist tot. Heirate wieder."   Penelope … nicht heiraten.   Sie … ihren Mann.

Eines Tages … Odysseus zurück,   … alle seine Gegner   und sie … glücklich bis ans Ende.

segelte   wartete   sagten   wollte

liebte   kehrte   besiegte   lebten

© Ernst Klett Sprachen GmbH, Stuttgart 2017 | www.klett-sprachen.de | Alle Rechte vorbehalten
Von dieser Druckvorlage ist die Vervielfältigung für den eigenen Unterrichtsgebrauch gestattet. Die Kopiergebühren sind abgegolten.

DaF leicht
Grammatikclips
ISBN: 978-3-12-676269-4

ich	du	er / sie / es	wir	ihr	sie	hörte	hörtest
hörte	hörten	hörtet	hörten	Sie	ihren Mann.		
Odysseus	über die Meere und	alle seine Gegner	segelte				
den Gesang der Sirenen.	wartete	hörte	Seine Frau Penelope				
zu Hause auf ihn.	lebten	Die Menschen in Ithaka	zu ihr:				
sagten	wollte	„Dein Mann ist tot. Heirate wieder."	liebte				
kehrte	Penelope	nicht heiraten.	besiegte	und sie			
Eines Tages	Odysseus zurück,	glücklich bis ans Ende.					

Clip 43: Präteritum II (unregelmäßige Verben)

1. Den Clip nachlegen
a. LN legen den ersten Teil des Clips nach. Zeigen Sie den Teil des Clips zur Kontrolle.

sprechen	geben	stehen
werden	kommen	sehen
gehen	gesprochen	gegeben
gestanden	geworden	gekommen
gesehen	gegangen	sprach
gab	stand	wurde
kam	sah	ging

b. LN legen den zweiten Teil des Clips nach und ergänzen die Verben im Präteritum. Zeigen Sie anschließend den restlichen Clip zur Kontrolle.

Leicht, bunt und genau – die Swatch-Uhr … ein Welterfolg.   Wenn sie kaputt … kaufte man sich eine neue.

Man … über die neuesten Modelle   und die Leute … für manche Uhren stundenlang Schlange.

Es … viele Modelle von Künstlern.   Die … toll aus und waren sehr beliebt.

1991 … die ersten Taucheruhren auf den Markt.   en

2. Interaktiv üben
LN arbeiten in Gruppen. Sie nehmen die Präteritum-Verb-Karten aus Clip 42 und 43 und legen sie mit der Schrift nach unten auf einen Stapel. Nacheinander ziehen sie eine Verb-Karte und bilden damit einen Satz. Der nächste knüpft an den vorherigen Satz an, sodass eine Geschichte entsteht.

3. Strukturtabelle
Die LN ergänzen die Strukturtabelle.

Präsens	Präteritum	Partizip II
gehen		
	sah	
		geworden
sprechen		
	stand	
geben		gekommen

sprechen	geben	stehen	werden	kommen
sah	sehen	gehen	gesprochen	gegeben
gestanden	geworden	gekommen	gesehen	
gegangen	gab	wurde	kam	ging	stand
sprach	wurde	sprach	- die Swatch-Uhr	kamen
Leicht, bunt und genau	sahen	ging	standen
stundenlang Schlange.	gab	ein Welterfolg.

weiteres Wortmaterial zu Clip 43
befindet sich auf Seite 42.

Clip 44: Temporalsätze mit *während* und *seit*

1. Den Clip nachlegen
LN legen den Clip nach. Zeigen Sie im Anschluss den Clip zur Kontrolle.

| Ca. 760 Kinder werden weltweit geboren, |
| während |
| ich meine Zähne putze. |
| Während |
| ich frühstücke, |
| telefonieren ca. 700 Millionen Menschen weltweit. |
| Ca. 14.000 Hochzeiten haben stattgefunden, |
| seit | ich heute zur Arbeit gefahren bin. |
| Seit | ich heute Morgen aufgestanden bin, |
| haben sich ca. 1000 Menschen in Deutschland scheiden lassen. |

2. Interaktiv üben
Gedächtnisspiel mit den Bild- und Wortkarten: Die LN spielen zu zweit. Es werden nur die Wortkarten mit den landeskundlichen Informationen gebraucht. Die Karten werden verdeckt auf den Tisch gelegt und jeder deckt zwei Karten auf. Passen die Karten zusammen, muss der richtige Satz formuliert werden. Variante: LN zieht eine Karte und bildet, ausgehend von dieser, einen Satz. Den zweiten Teil des Satzes kann er / sie frei erfinden.

3. Strukturtabelle
Die LN ergänzen die Strukturtabelle.

Hauptsatz	Nebensatz
Ca. 760 Kinder werden weltweit geboren,	während ich meine Zähne putze.
Nebensatz	**Hauptsatz**

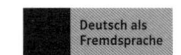

Ca. 760 Kinder werden weltweit geboren,	während
	seit
ich meine Zähne putze.	Während
	ich frühstücke,
telefonieren ca. 700 Millionen Menschen weltweit.	Seit
Ca. 14.000 Hochzeiten haben stattgefunden,	scheiden lassen.
ich heute zur Arbeit gefahren bin.	
ich heute Morgen aufgestanden bin,	
haben sich ca. 1000 Menschen in Deutschland	

14 | 05 | Übungen | Grammatik-Clip 45

Clip 45: Personalpronomen im Satz

1. Den Clip nachlegen
LN legen den Clip nach, indem sie die Sätze den Bildern zuordnen. Zeigen Sie den Clip zur Kontrolle.

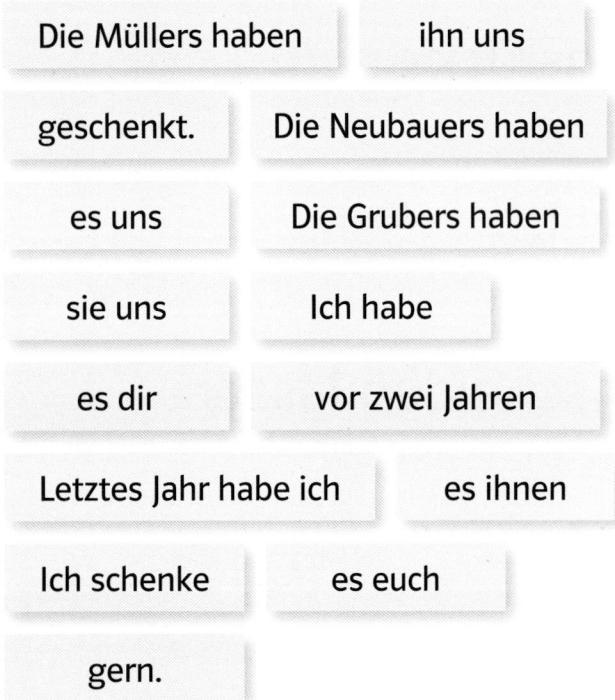

2. Interaktiv üben
Wechselspiel: Die LN arbeiten zu zweit. Sie fragen sich abwechselnd, wer welches Geschenk gemacht hat: „Ist der Koffer von den Müllers?" „Ja, sie haben ihn uns geschenkt." „Ist die Vase von Ina?" „Nein, Greta hat sie uns geschenkt."

A
der Koffer – die Müllers?
die Vase – Greta
das Bild – Jan?
das Kissen – Fred und Hans
die Reise – meine Eltern?
der Gutschein – meine Oma

B
der Koffer – die Müllers
die Vase – Ina?
das Bild – Klaus
das Kissen – Fred und Hans?
die Reise – nein, **meine** Eltern!
der Gutschein – mein Opa?

3. Strukturtabelle
LN schreiben die Sätze in die Strukturtabelle.

1	2	3	4	5
Die Müllers	haben	uns	den Koffer	geschenkt.
Die Müllers	haben	ihn	uns	geschenkt.
Die Neubauers	haben	uns	das Kissen	geschenkt.

© Ernst Klett Sprachen GmbH, Stuttgart 2017 | www.klett-sprachen.de | Alle Rechte vorbehalten
Von dieser Druckvorlage ist die Vervielfältigung für den eigenen Unterrichtsgebrauch gestattet. Die Kopiergebühren sind abgegolten.

DaF leicht
Grammatikclips
ISBN: 978-3-12-676269-4

Die Müllers haben	ihn uns	geschenkt.	es euch
Die Neubauers haben	es uns	Die Grubers haben
sie uns	Ich habe	es dir	gern.	es ihnen
vor zwei Jahren geschenkt.	Letztes Jahr habe ich
Ich schenke	geschenkt.	geschenkt.	geschenkt.

Clip 46: Adjektivdeklination III (*mit* + Dativ)

1. Den Clip nachlegen
a. LN legen den ersten Teil des Clips nach und ordnen den Städten ihre Besonderheiten zu. Zeigen Sie den ersten Teil des Clips zur Kontrolle.

b. TN legen den zweiten Teil des Clips nach. Sie bilden Sätze mit *mit* + Dativ. Zeigen Sie im Anschluss den ganzen Clip zur Kontrolle.

2. Interaktiv üben
LN geben sich gegenseitig Aufträge für eine Internetrecherche: „Ich suche die Schweizer Stadt mit der ältesten Kirche." „Bitte such die deutsche Stadt mit dem größten Schwimmbad."

3. Strukturtabelle
LN ergänzen die Strukturtabelle mit den Sätzen.

Paderborn | Leipzig | Linz
Wendenburg | Hamburg
ist die Stadt | mit dem | mit den
mit der | der kürzeste
Fluss in Deutschland. | das höchste
Denkmal in Deutschland. | die größte
Kakteensammlung in Europa. | die wenigsten Einwohner
in den deutschsprachigen Ländern.
die meisten Milliardäre | in Deutschland. | n

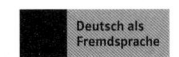

		der	das	die	die (Pl.)
Paderborn ist die Stadt	mit	dem			kürzesten Fluss in Deutschland.

Paderborn	Leipzig	Linz	Wendenburg	Hamburg	.	.
ist die Stadt	ist die Stadt	ist die Stadt	die größte	n	.	
ist die Stadt	ist die Stadt	die meisten Milliardäre	mit den			
mit den	mit den	mit der	der kürzeste	n	n	n	n	.
Fluss in Deutschland	das höchste	in Deutschland	mit dem			
Denkmal in Deutschland	die wenigsten Einwohner	mit dem	.			
Kakteensammlung in Europa	in den deutschsprachigen Ländern					

Clip 47: Sätze mit *damit* / *um... zu*

1. Den Clip nachlegen
a. LN legen den ersten Teil des Clips mit *um-zu*-Sätzen nach. Zeigen Sie den ersten Teil des Clips zur Kontrolle.
b. LN legen den zweiten Teil des Clips mit *damit*-Sätzen nach. Zeigen Sie danach den ganzen Clip zur Kontrolle.

2. Interaktiv üben
Geben Sie im Plenum die unten stehenden Fragen vor und lassen Sie LN Antwortsätze mit *damit* oder *um... zu* bilden.
Beispiel: Er fährt so schnell, um pünktlich bei der Arbeit zu sein.

3. Strukturtabelle
LN schreiben die Sätze in die Strukturtabelle.

Wir fahren alle gleichzeitig los,

Wir   können

zwischendurch spazieren

gehen   lernen   nette Leute

erleben   etwas Interessantes

um   zu   kennen   Die

die   Kinder   unterwegs

spielen   der   Der   Urlaub

beginnt   richtig   damit

Warum fährt er so schnell?

Warum kaufen sie ein großes Auto?

Warum fährst du nicht mit der Bahn in den Urlaub?

Warum fahren wir so langsam?

		Wer?		Verb
Wir fahren alle gleichzeitig los,	um		nette Leute	kennen**zu**lernen.
	damit	die Kinder	unterwegs	spielen können.

Wir fahren alle gleichzeitig los,	zu können.	damit	um
Wir fahren alle gleichzeitig los,	etwas Interessantes	gehen
um	kennenzulernen.	zu erleben.	die	damit	spielen
können.	der Urlaub	beginnt.	richtig	Kinder unterwegs
um	zwischendurch spazieren	nette Leute

Warum fährt er so schnell?   Warum kaufen sie ein großes Auto?

Warum fährst du nicht mit der Bahn in den Urlaub?

Warum fahren wir so langsam?

08 | Übungen | Grammatik-Clip 48

Clip 48: je - desto / weder - noch

1. Den Clip nachlegen
LN legen den Clip nach. Zeigen Sie den Clip anschließend zur Kontrolle.

- Ich will weder ein großes
- noch ein kleines Auto.
- Je
- größer
- das Auto ist,
- desto
- mehr
- Benzin braucht es.
- kleiner
- weniger
- passt hinein.
- Das Auto soll weder zu neu
- noch zu alt sein.
- neuer
- komplizierter
- ist die Technik.
- älter
- Reparaturen hat es.

2. Interaktiv üben
In Gruppen schreiben LN Sätze mit *je ... desto* und *weder ... noch*. Dabei soll sich ein Teil der Sätze auf ein Fahrrad, der andere auf ein Auto beziehen. Die Sätze werden vorgelesen und die anderen Gruppen raten, um was es sich handelt. Beispiele: Je öfter man damit fährt, desto besser ist es für die Gesundheit. – Man wird weder nass noch schmutzig, wenn man damit fährt.

3. Strukturtabelle
LN schreiben die Sätze in die Strukturtabellen.

			Verb				Verb	
Je	größer	das Auto	ist,	desto	mehr	Benzin	braucht	es.
Je				desto				

	Verb				
Ich	will	weder	ein großes	noch	ein kleines Auto.
		weder		noch	

Ich will weder ein großes	Je	größer	desto
noch ein kleines Auto.	das Auto ist,	mehr	Je	kleiner
das Auto ist,	desto	Je	älter	Benzin braucht es.
weniger	passt hinein.	Das Auto soll weder zu neu
noch zu alt sein.	Je	neuer	das Auto ist,	desto	mehr
komplizierter	ist die Technik.	das Auto ist,	desto
Reparaturen hat es.

Clip 49: Sätze mit *nicht nur, ... sondern auch*

1. Den Clip nachlegen
LN legen den Clip nach. Sie ordnen die Sätze den Bildern zu und bringen die Sätze in die richtige Reihenfolge. Zeigen Sie im Anschluss den Clip zur Kontrolle.

Im Wald gib es	nicht nur
Beeren,	sondern auch
Pilze.	Bäume,
Sträucher.	Rehe,
Hasen.	Da gibt es
Natur,	Monster.
Das ist	spannender,
macht auch mehr Spaß.	

2. Interaktiv üben
Analog zur Waldidylle schreiben die LN einen Werbetext für die Großstadt. Sammeln Sie dazu zunächst Eigenschaften der Großstadt an der Tafel, die die LN dann in ihrem Text verarbeiten können.

3. Strukturtabelle
LN schreiben die Sätze in die Strukturtabelle.

	Verb					(Verb)		
Im Wald	gibt	es	nicht nur	Beeren,	sondern		auch	Pilze.
			nicht nur		sondern		auch	
			nicht nur		sondern		auch	
			nicht nur		sondern	macht	auch	mehr Spaß.

Im Wald gibt es nicht nur Beeren, sondern auch Pilze. Im Wald gibt es nicht nur Bäume, sondern auch Sträucher. Im Wald gibt es nicht nur Rehe, sondern auch Hasen. Da gibt es nicht nur Natur, sondern auch Monster. Das ist nicht nur spannender, sondern macht auch mehr Spaß.

weiteres Bildmaterial zu Clip 49 befindet sich auf Seite 43

Clip 50: Textgrammatik I

1. Den Clip nachlegen

a. LN ordnen die Sätze den Bildkarten zu und bringen die Sätze in die richtige Reihenfolge. Zeigen Sie anschließend den Teil des Clips zur Kontrolle.

> Es war einmal ein Mädchen, das immer ein rotes Käppchen trug.

> Deshalb nannten es alle Rotkäppchen.

> Eines Tages wollte es seine Großmutter besuchen.

> Auf dem Weg zu ihr traf es einen Wolf.

> Er war sehr freundlich zu Rotkäppchen.

> Es waren einmal zwei Kinder, die Hänsel und Gretel hießen.

> Ihre Eltern waren so arm, dass sie nichts mehr zu essen hatten.

> Deshalb brachten sie die Kinder in den Wald.

> Dort war es dunkel und unheimlich.

> Hänsel und Gretel hatten Angst.

b. LN markieren die Verweiswörter (Wörter, die sich auf einen bestimmten Teil des vorhergehenden Satzes beziehen).

2. Interaktiv üben

LN arbeiten zu zweit. Zusammen vervollständigen sie die Textgerüste.

```
_____ ein Mann, _____
_____.
Deshalb_____.
_____ seine Tochter
_____.
_____zu ihr _____
die Nachbarin.
Sie_____
_____.
```

```
_____ zwei Kollegen, _____
_____.
Ihre _____
_____.
Deshalb _____ zu der
Chefin.
Die _____
_____.
_____.
```

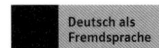

Es war einmal ein Mädchen,

das immer ein rotes Käppchen trug.

Deshalb nannten es alle Rotkäppchen.

Eines Tages wollte es seine Großmutter besuchen.

Auf dem Weg zu ihr traf es einen Wolf.

Er war sehr freundlich zu Rotkäppchen.

weiteres Wortmaterial zu Clip 50
befindet sich auf Seite 45

26 | 11 | Übungen | Grammatik-Clip 51

Clip 51: Sätze mit *nachdem* + Plusquamperfekt

1. Den Clip nachlegen
LN legen den Clip nach. Zeigen Sie im Anschluss den Clip zur Kontrolle.

| Nachdem | ich es | gekauft hatte, |

| las | ich | die Gebrauchsanweisung. |

| ich sie | gelesen hatte, | lud |

| ich den Akku. | ich ihn |

| geladen hatte, | noch einmal | bat |

| ich meinen Enkel um Hilfe. | er |

| gekommen war, | erklärte |

| er mir alles ganz genau. |

| er mir alles genau | erklärt hatte, |

| war | ich auch nicht klüger. |

| ich nicht klüger | geworden war, |

| schenkte | ich ihm das Handy. |

2. Interaktiv üben
LN arbeiten zu viert. Jeder LN bekommt zwei Karten mit Stichwörtern. Mit Hilfe der Stichwörter rekonstruieren sie mit *nachdem*-Sätzen den Text aus dem Clip mündlich: „Nachdem er sich ein Handy gekauft hatte, las er die Gebrauchsanweisung." Anschließend schreiben sie die Geschichte gemeinsam weiter: Nachdem er ihm das Handy geschenkt hatte, …

| Handy kaufen |

| die Gebrauchsanleitung lesen |

| den Akku laden |

| die Gebrauchsanleitung noch einmal lesen |

| den Enkel um Hilfe bitten |

| alles genau erklären |

| nicht klüger sein |

| dem Enkel das Handy schenken |

3. Strukturtabelle
LN schreiben die Sätze in die Strukturtabelle.

Nebensatz			Hauptsatz	
		Verb	Verb	
Nachdem	ich es	gekauft hatte,	las	ich die Gebrauchs-anweisung.

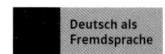

© Ernst Klett Sprachen GmbH, Stuttgart 2017 | www.klett-sprachen.de | Alle Rechte vorbehalten
Von dieser Druckvorlage ist die Vervielfältigung für den eigenen Unterrichtsgebrauch gestattet. Die Kopiergebühren sind abgegolten.

DaF leicht
Grammatikclips
ISBN: 978-3-12-676269-4

| Nachdem | ich es | gekauft hatte, | las | erklärte |

| ich die Gebrauchsanweisung. | Nachdem | ich sie |

| gelesen hatte, | lud | ich den Akku. | Nachdem | ich ihn |

| geladen hatte, | er mit alles genau | bat |

| las ich noch einmal die Gebrauchsanleitung. | er | Nachdem |

| ich sie noch einmal | gelesen hatte, |

weiteres Wortmaterial zu Clip 51
befindet sich auf S. 46

12 | Übungen | Grammatik-Clip 52

Clip 52: Adjektivdeklination mit Nullartikel

1. Den Clip nachlegen
a. LN legen den ersten Teil des Clips nach und verbinden die Nomen mit den Artikeln. Zeigen Sie den Clip zur Kontrolle.

| Mitarbeiter | Mitarbeiterin |

| Verstand |

| Verantwortungsbewusstsein |

| Flexibilität | Team |

| Chef | Chefin |

| der | die | das |

b. LN legen den zweiten Teil des Clips nach. Zeigen Sie im Anschluss den ganzen Clip zur Kontrolle.

2. Interaktiv üben
Lernpaare schreiben „Antianzeigen" mit negativen Adjektiven, z. B.: Unangenehmer, fauler Mitarbeiter mit schlechten Englischkenntnissen gesucht. Dann wird die Anzeige an ein anderes Paar weitergereicht, welches sie positiv umformuliert.

3. Strukturtabelle
LN schreiben die Adjektiv-Nomen-Kombinationen in die Strukturtabelle.

		Gesucht:	Wir suchen	Eine Firma / ein Mitarbeiter mit
m	Chef – tolerant ...	toleranter Chef	toleranten Chef	tolerantem Chef
n	Team – nett ...			
f	Chefin – verständnisvoll			

| gesucht. | Sie sind ein Mensch mit | toleranten | verständnisvolle | Dann sind Sie bei uns richtig: |

| sucht | Neuer | neue | ausgezeichnetem | hohem | großer | Nettes |

| und | oder | . | ? | , |

Mitarbeiter	Mitarbeiterin	Verstand	Chef	Chefin
Verantwortungsbewusstsein	Flexibilität	Team	der	der
der	das	das	die	die	die	Flexibilität?	Neuer
Mitarbeiter oder	neue	Verstand,	hohem	großer
Mitarbeiterin gesucht:	Sie sind ein Mensch mit	Nettes
ausgezeichnetem	Verantwortungsbewusstsein und	Team
Dann sind Sie bei uns richtig:	sucht	toleranten	Chef oder
verständnisvolle	Chefin.

Clip 53: Irreale Konditionalsätze

1. Den Clip nachlegen
LN legen den Clip nach. Zeigen Sie im Anschluss den Clip zur Kontrolle.

- Wenn ich
- Politiker
- ich im Halteverbot parken.
- Schauspieler
- Sportler
- ich Sie nicht entlassen.
- Musiker
- ich jedes Jahr einen tollen Urlaub machen.
- ich jetzt nicht hier sitzen.
- ich jede Menge Spaß.
- Wenn Sie mehr
- so viel erreichen,
- wenn du nicht immer nur
- Du
- wäre,
- dürfte
- könnte
- müsste
- hätte
- arbeiten würden
- könntest
- träumen würdest

2. Interaktiv üben
Der Kurs wird in vier Gruppen eingeteilt. Jede Gruppe bekommt einen Beruf zugewiesen: Politiker, Schauspieler, Musiker und Sportler. In den Gruppen schreiben sie weitere irreale Konditionalsätze passend zu ihrem Beruf.

3. Strukturtabelle
LN schreiben die Sätze in die Strukturtabelle.

Nebensatz			Hauptsatz	
		Verb	Verb	
Wenn	ich Politiker	**wäre,**	**dürfte**	ich im Halteverbot parken.

Wenn ich Politiker	Wenn ich Schauspieler	hätte	könnte
Wenn ich Sportler	Wenn ich Musiker	Du	dürfte	wäre,
ich im Halteverbot parken.	ich Sie nicht entlassen.	wäre,
ich jedes Jahr einen tollen Urlaub machen.	ich jetzt nicht hier sitzen.
ich jede Menge Spaß.	Wenn Sie mehr	so viel erreichen,
wenn du nicht immer nur	wäre,	wäre,	könntest
müsste	arbeiten würden,	müsste	träumen würdest.

Clip 54: Die n-Deklination

1. Den Clip nachlegen
LN legen den Clip nach. Sie ordnen die Sätze den Bildern zu und bringen die Sätze in die richtige Reihenfolge. Zeigen Sie im Anschluss den Clip zur Kontrolle.

2. Interaktiv üben
Jeder lernt ein Zitat auswendig. Hängen Sie die Paraphrasierungen mehrmals im Kursraum auf. LN schreiben das Originalzitat zu „ihrer" Paraphrase und vergleichen, ob die Zitate richtig geschrieben wurden.

3. Strukturtabelle
LN ergänzen die Strukturtabelle.

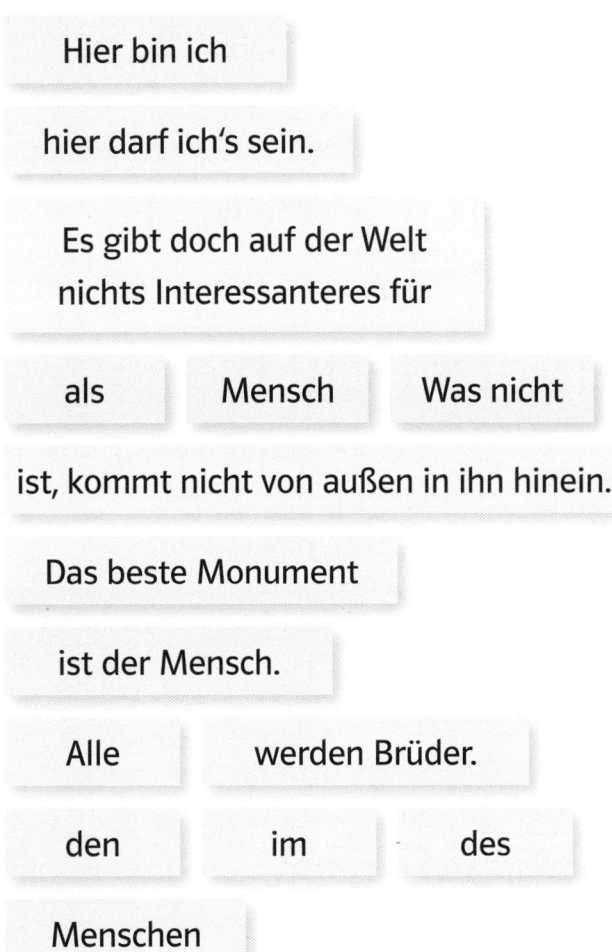

Der Mensch interessiert sich hauptsächlich für sich selbst.

Man kann einen Menschen nicht ändern.

Jeder Mensch ist der Beweis dafür, dass die Menschen großartig sind.

Die Menschen verstehen sich gut.

Nominativ	Akkusativ	Dativ	Genitiv
der Mensch	den Menschen	dem Menschen	des Menschen

Hier bin ich Mensch, | hier darf ich's sein. | für den Menschen

Es gibt doch in der Welt nichts Interessanteres | ist der Mensch.

als den Menschen. | Was nicht im Menschen ist,

kommt auch nicht von außen in ihn hinein.

Das beste Monument des Menschen

Alle Menschen werden Brüder.

Clip 55: Possessivartikel im Genitiv

1. Den Clip nachlegen

LN legen den Clip nach. Zeigen Sie im Anschluss den Clip zur Kontrolle.

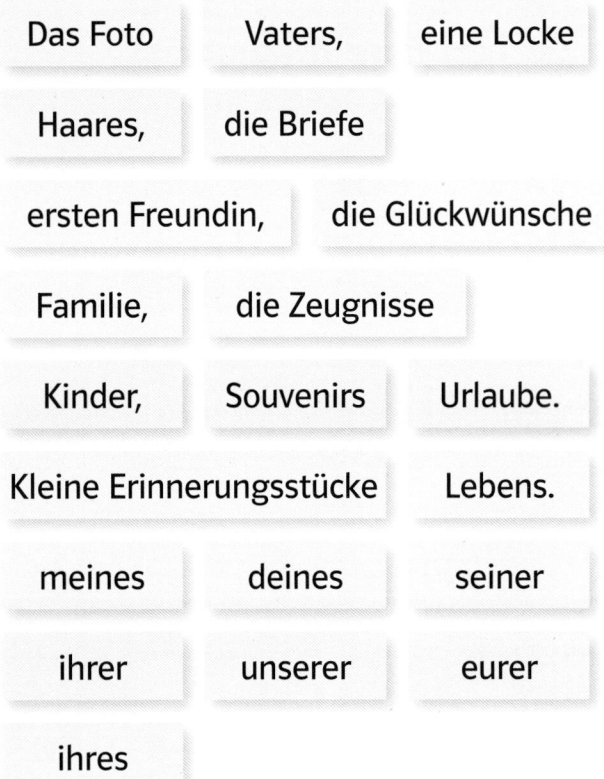

2. Interaktiv üben

LN arbeiten in Gruppen von sechs bis sieben Teilnehmer/innen. In der ersten Runde präsentiert jeder den anderen Dinge, die (zu) jemand anderem gehören, z. B.: „Das ist ein Foto meiner Tochter." „Das ist der Schlüssel meiner Eltern." „Das ist die Adresse meiner Freundin." Wenn sich nicht genug Gegenstände finden, darf man auch schwindeln: „Das ist nicht meine Mütze, das ist die Mütze meiner Schwester." Die präsentierten Dinge werden durcheinander auf dem Tisch abgelegt. In der zweiten Runde versuchen alle, sich richtig zu erinnern. Reihum werden die Gegenstände vom Tisch genommen, vor den Besitzer gelegt und die Gruppe gefragt: „Das ist ein Brief seiner Mutter, stimmt das?" „Das ist ein Geschenk seines Bruders, richtig?"

3. Strukturtabelle

LN ergänzen die Strukturtabelle.

	der Sohn	das Kind	die Tochter	die Eltern
ich	meines Sohnes	meines Kindes	meiner Tochter	meiner Eltern
du				
er				
sie				
es				
wir				
ihr				
sie				

Das Foto	Vaters,	eine Locke	Haares,
die Briefe	ersten Freundin,	Familie,	
die Glückwünsche	die Zeugnisse	Kinder,	
Souvenirs	Kleine Erinnerungsstücke	Urlaube.	
Lebens.	meines	deines	seiner	ihrer
unserer	eurer	ihres		

Clip 56: Die Verneinung mit *nicht*

1. Den Clip nachlegen

a. LN legen den Clip nach. Zeigen Sie im Anschluss den Clip zur Kontrolle.

Ich esse meine Suppe | Die Suppe ist | nicht | gut. | Ich esse aber Suppen | gern. | Ich mag | die Suppe, | sondern lieber das Dessert. | Ja, aber | nach 18.00 Uhr. | Ich will | so aussehen wie du. | .

b. LN unterstreichen in den Sätzen, was verneint wird. Zeigen Sie den Clip noch einmal zur Kontrolle.

2. Interaktiv üben

LN arbeiten zu viert. Sie kreuzen zunächst auf dem Arbeitsblatt die Sätze an, die auf sie zutreffen und vergleichen in ihrer Gruppe. Danach stellen sie die Gemeinsamkeiten und Unterschiede ihrer Gruppe im Plenum vor.

	Stimmt	Stimmt nicht
Ich esse Suppen nicht gern.	☐	☐
Meine Lieblingsmahlzeit ist nicht das Abendessen, sondern das Frühstück.	☐	☐
Ich esse nicht nach 18.00 Uhr zu Abend.	☐	☐
Ich möchte nicht so aussehen wie meine Mutter / mein Vater.	☐	☐

3. Strukturtabelle

LN ergänzen die Strukturtabelle.

Ich esse meine Suppe	**nicht.**	
Ich esse Suppen	**nicht**	gern.

DaF leicht
Grammatikclips
ISBN: 978-3-12-676269-4

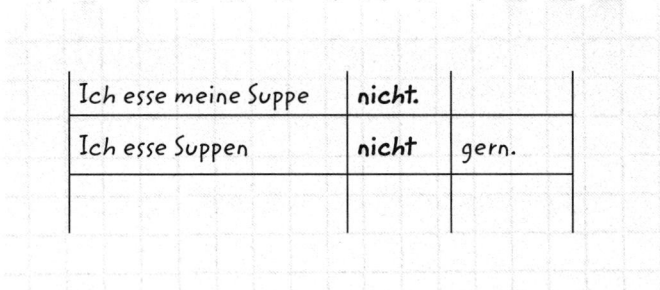

| Ich esse meine Suppe | nicht. | nicht | nicht |

| Die Suppe ist | nicht | gut. | gern. | nicht |

| Ich esse aber Suppen | Ich mag | die Suppe, | nicht |

| Ja, aber | nach 18.00 Uhr. | sondern lieber das Dessert. |

| Ich will doch | so aussehen wie du! |

17 | Übungen | Grammatik-Clip 57

Clip 57: Das Passiv

1. Den Clip nachlegen
LN legen den Clip Schritt für Schritt nach. Zeigen Sie den Clip abschnittsweise. Zunächst wird der Aktiv-Satz gezeigt, die LN legen dazu den passenden Passiv-Satz. Danach den Clip bis zum Ende zeigen. Zeigen Sie dann den ganzen Clip noch einmal zur Kontrolle.

2. Interaktiv üben
a. LN falten einen Hut nach den Vorgaben.
b. LN falten einen Papierflieger und geben die Anweisungen im Passiv.

3. Strukturtabelle
LN ergänzen die Strukturtabelle.

Das Papier | auf den Tisch | einmal in der Mitte | Die beiden Ecken | in Richtung Mitte | anschließend um 180 Grad | Der untere Teil des Hutes | nach oben | Dasselbe | auf der anderen Seite | Die Ecken | wird | gelegt | gefaltet | werden | gedreht | gemacht | festgeklebt

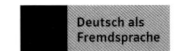

		Verb 1			Verb 2
Aktiv	Ich	lege	(das Papier)	auf den Tisch.	
Passiv	(Das Papier)	wird		auf den Tisch	gelegt.
Aktiv	Ich	falte	(das Papier)	einmal in der Mitte.	

| Das Papier | wird | auf den Tisch | gelegt. | gefaltet. |

| Das Papier | wird | einmal in der Mitte | gefaltet. | werden |

| Die beiden Ecken | werden | in Richtung Mitte | wird |

| gefaltet. | Das Papier | wird | Dasselbe | nach oben |

| auf der anderen Seite | anschließend um 180 Grad | gedreht. |

| Der untere Teil des Hutes | wird | gemacht. | Die Ecken |

| festgeklebt. |

Clip 58: *werden* als Voll- und Hilfsverb

1. Den Clip nachlegen
LN legen den Clip nach. Zeigen Sie im Anschluss den Clip zur Kontrolle.

- Das | wird
- etwas ganz Tolles.
- Wann | wirst
- du es denn fertig | machen?
- Zuerst | werden | alle Teile auf den Boden
- gelegt. | Dann | werden
- sie nach den Bildern | zusammengebaut.
- Lili, das | nichts.

2. Interaktiv üben
a. LN arbeiten zu viert. Sie sortieren die Sätze nach den drei Funktionen und lassen Sie als Beispiele für b. auf dem Tisch liegen.

b. LN würfeln und bilden Sätze:
- ⚀ + ⚁ : mit „werden" als Vollverb
- ⚂ + ⚃ : im Futur
- ⚄ + ⚅ : im Passiv

3. Strukturtabelle
LN ergänzen die Strukturtabelle.

werden als Vollverb:	Das wird etwas ganz Tolles.	**werden** – Adjektiv / Nomen, …
Futur:		**werden** – Infinitiv
Passiv:		**werden** – Partizip II

Das	wird	etwas ganz Tolles.	Wann	wirst
du es denn fertig	machen?	Zuerst	werden
alle Teile auf den Boden	gelegt.	Dann	werden
sie nach den Bildern	zusammengebaut.
Lili, das	wird	nichts!

Weiteres Material zu Clip 43

| Wenn sie kaputt | , kaufte man sich eine neue. |

| Man | über die neuesten Modelle | Die | 1991 |

| und die Leute | für manche Uhren | Es |

viele Modelle von Künstlern.

toll aus und waren sehr beliebt.

die ersten Taucheruhren auf den Markt.

43

Bildmaterial zu Clip 44

Bildmaterial zu Clip 49

Bildquellen: 43.1 Thinkstock (KatarzynaBialasiewicz), München; **43.2** Thinkstock (Christopher Robbins), München; **43.3** Thinkstock (AndreyPopov), München; **43.4** Thinkstock (Veles-Studio), München; **43.5** Thinkstock (NikoNomad), München; **43.6** Thinkstock (Jasmina81), München; **43.7** Thinkstock (selensergen), München; **43.8** Thinkstock (egal), München; **43.9** Thinkstock (GlobalP), München; **43.10** iStockphoto (tiler84), Calgary, Alberta; **43.11** Thinkstock (jirivondrous), München; **43.12** Thinkstock (GlobalP), München

DaFleicht
Grammatikclips
ISBN: 978-3-12-676269-4

Wechselspiel zu Clip 45

A
der Koffer – die Müllers?
die Vase – Greta
das Bild – Jan?
das Kissen – Fred und Hans
die Reise – meine Eltern?
der Gutschein – meine Oma

B
der Koffer – die Müllers
die Vase – Ina?
das Bild – Klaus
das Kissen – Fred und Hans?
die Reise – nein, meine Eltern!
der Gutschein – mein Opa?

Weiteres Material zu Clip 50

Es waren einmal zwei Kinder,

die Hänsel und Gretel hießen.

Ihre Eltern waren so arm,

dass sie nichts mehr zu essen hatten.

Deshalb brachten sie die Kinder in den Wald.

Dort war es dunkel und unheimlich.

Hänsel und Gretel hatten Angst.

Weiteres Material zu Clip 51

ich meinen Enkel um Hilfe.	Nachdem	war	gekommen war,
er mir alles ganz genau.	Nachdem	erklärt hatte,	Nachdem
ich auch nicht klüger.	ich nicht klüger	geworden war,
schenkte	ich ihm das Handy.	alles genau erklären
die Gebrauchsanleitung lesen	nicht klüger sein	Handy kaufen
die Gebrauchsanleitung noch einmal lesen
den Enkel um Hilfe bitten	den Akku laden
dem Enkel das Handy schenken

Kopiervorlage

Kopiervorlage